ESPECTROS

CECÍLIA MEIRELES

ESPECTROS

Apresentação
Henrique Marques-Samyn

Coordenação Editorial
André Seffrin

São Paulo | 2013

global
EDITORA

© Condomínio dos Proprietários dos Direitos
Intelectuais de Cecília Meireles

Direitos cedidos por Solombra – Agência
Literária (solombra@solombra.org)

3ª Edição, Global Editora, São Paulo 2013

- JEFFERSON L. ALVES
  Diretor Editorial
- GUSTAVO HENRIQUE TUNA
  Editor Assistente
- ANDRÉ SEFFRIN
  Coordenação Editorial,
  Estabelecimento de Texto,
  Cronologia e Bibliografia
- FLÁVIO SAMUEL
  Gerente de Produção
- JULIA PASSOS
  Assistente Editorial
- JULIA PASSOS E ALEXANDRA RESENDE
  Revisão
- EDUARDO OKUNO
  Capa e Projeto Gráfico

A Global Editora agradece à Solombra – Agência Literária pela gentil cessão dos direitos de imagem de Cecília Meireles.

CIP-BRASIL. Catalogação na fonte
Sindicato Nacional dos Editores de Livros, RJ

M453e

Meireles, Cecília, 1901-1964
  Espectros / Cecília Meireles ; apresentação Henrique Marques-Samyn ; [coordenação editorial André Seffrin]. – [3. ed.]. – São Paulo : Global, 2013.

  ISBN 978-85-260-1776-4

  1. Poesia brasileira. I. Título.

13-0938.
        CDD: 869.91
        CDU: 821.134.3(81)-1

Direitos Reservados

Global Editora e
Distribuidora Ltda.

Rua Pirapitingui, 111 – Liberdade
CEP 01508-020 – São Paulo – SP
Tel.: (11) 3277-7999 – Fax: (11) 3277-8141
e-mail: global@globaleditora.com.br
www.globaleditora.com.br

Obra atualizada conforme o Novo Acordo Ortográfico da Língua Portuguesa

*Colabore com a produção científica e cultural.
Proibida a reprodução total ou parcial desta obra sem a autorização do editor.*

Nº de Catálogo: 3473

Acervo pessoal de Cecília Meireles

Sumário

A primeira voz de Cecília Meireles –
Henrique Marques-Samyn 9

Espectros 21
[Defronte da janela, em que trabalho,] 23
Brâmane 25
A Belém! 27
Neroniano 29
Ecce homo! 31
Antônio e Cleópatra 33
Herodíada 35
Judite 37
Sansão e Dalila 39
Joana d'Arc 41
Maria Antonieta 43
Noite de Coimbra 45
Dos jardins suspensos 47
Átila 49
Evocação 51
Sortilégio 53

Anexos 55
Prefácio de Alfredo Gomes à primeira edição, 1919 57
Nota da autora 65

Cronologia 67
Bibliografia básica sobre Cecília Meireles 73

A primeira voz de Cecília Meireles[1]

Uma questão se impõe a quem percorre as páginas de *Espectros*: como ler esta obra que há muito surgia como um misterioso (e renegado) elemento na bibliografia de Cecília Meireles, e que só pudemos de fato conhecer há pouco mais de uma década? Com efeito, o diligente esforço de Antonio Carlos Secchin logrou incorporar o volume de 1919 à edição do centenário da *Poesia completa* de Cecília; não obstante, se passamos a dispor da obra em versão integral – antes conhecíamos apenas um ou outro de seus sonetos, porque publicados por João Ribeiro e Darcy Damasceno em artigos aos quais farei referência mais à frente –, continuamos diante deste desafio: como ler *Espectros*? Como uma obra prematura, cujo valor seria

---

1 Agradeço a André Seffrin e a Antonio Carlos Secchin pela leitura de uma primeira versão deste texto.

essencialmente (senão somente) documental? Como obra de uma "primeira Cecília", que porventura não descobrira ainda em si a "verdadeira" poesia, algo que seria atestado pela posterior renegação do volume? Ou haveria, por outro lado, uma relação de continuidade entre *Espectros* e a produção poética futura, o que faria da obra a primeira eclosão do gênio?

Um possível caminho para começar a elaborar um protocolo de leitura é resgatar os contextos de produção e de recepção de *Espectros*. O volume sai publicado em 1919, por uma Cecília Meireles que provavelmente custeou a edição: era então uma adolescente que, aos dezessete anos, publicava dezessete sonetos. Os comentários constantes do prefácio, assinado por Alfredo Gomes, oscilam entre a ingenuidade, a condescendência e a leitura afetuosa. Quem escreve é o mestre que, comovido, saúda na "futura mestra [...] o coração já superiormente formado, a inteligência clara e lúcida, a intuição notável com que sabia expor pensamentos próprios e singulares até em assuntos pedagógicos".[2] Quando comenta a obra, refere-se aos "primeiros estos da alma juvenil",[3] materializados na "obrinha delicada e valiosa"[4] e avaliados de modo evidentemente impressionístico. Embora se defenda, no parágrafo final, contra aqueles dispostos a acusá-lo de "pura benevolência", reiterando sua "firme convicção" nos dotes literários da jovem autora,[5] o teor dos co-

---

2 Apresentação de Alfredo Gomes à 1ª edição. In: MEIRELES, Cecília. *Espectros*. São Paulo: Global Editora, 2013, p. 60.
3 Ibidem, p. 62.
4 Ibidem, p. 65.
5 Ibidem, p. 65-66.

mentários de Alfredo Gomes trai o professor que, convidado pela aluna a prefaciar o livrinho, busca palavras que expressem seu afeto e amplifiquem as qualidades da estreante.

O único registro crítico contemporâneo é um artigo de João Ribeiro, tão obscuro que é quase sempre datado de forma equivocada: o texto foi publicado no jornal *O Imparcial* em 18 de agosto de 1919 (e não em outubro ou novembro daquele ano, como geralmente se afirma). O artigo aborda livros de outros quatro poetas: *Poesias*, de José Mesquita; *Selvas*, de Remigio Fernandes; *Alameda do sonho*, de Salles de Campos; e *Le dit de Sainte Odile*, de Auguste Garnier. Segundo Ana Maria Domingues de Oliveira, a inclusão de *Espectros* deve ser atribuída a pedidos do prefaciador, amigo de João Ribeiro; com efeito, afirma o texto que Cecília "vem excelentemente guiada pela mão firme e carinhosa de um mestre notável, Alfredo Gomes, cuja autoridade de si mesma assegura os méritos da estreante". João Ribeiro cita extensamente o prefácio, mas não se furta a tecer algumas observações que nos permitem indagar se, de fato, não divisava ali o prenúncio de um grande talento. Lamentando que o livro reúna poucas produções poéticas, o que prejudica um exame crítico mais atento, Ribeiro encontra semelhanças – "apenas por leve sugestão", enfatiza – com ninguém menos que Edgar Allan Poe; e encerra o trecho dedicado a *Espectros* afirmando que a autora "em breve, e sem grande esforço, poderá lograr a reputação de poetisa que de justiça lhe cabe".

Nem tão em breve, hoje diríamos. Sabemos que o talento de Cecília Meireles ainda exigiria algum tempo para manifestar-se plenamente; eis que esse processo de afirmação foi acompanhado de um apagamento daquelas primeiras manifestações líricas. A própria Cecília, ao publicar *Nunca mais...*, já não mencionava a obra que publicara quatro anos antes, e que doravante seria deliberadamente esquecida – para o que contribuiu decisivamente o evidente esforço despendido pela autora. Por outro lado, a renegação de *Espectros* parece ter contado com alguma colaboração da crítica; julgo poder afirmá-lo ao menos no que tange a Darcy Damasceno, que, embora fosse um dos poucos a resgatar a obra do esquecimento, ao fazê-lo enfatizou sobretudo a clivagem entre a primeira obra e a produção poética posterior.

Poucos anos após a morte de Cecília, Damasceno publicava, na edição de 23 de março de 1969 do *Jornal do Commercio*, o texto intitulado "Cecília: um cinquentenário", que resgatava as circunstâncias de produção de *Espectros*, transcrevia um dos sonetos ("Antônio e Cleópatra") e expunha uma apreciação crítica do volume. Damasceno nada vê no livro que não seja redutível ao parnasianismo, efeito das leituras de juventude que acabavam por ofuscar qualquer indício de originalidade. O cultivo da forma parnasiana, com suas rimas ricas e sua metrificação rígida, teria obstado a eclosão do talento; seriam ainda necessários alguns anos para que o lirismo emergisse de modo autêntico, já próximo da fatura neossimbolista. Para Darcy Damasceno, *Espectros* parece assemelhar-se a um exercício malogrado; aos passos iniciais de uma estreante que, desviados por forças alheias, acabaram por percorrer a trilha errada. Seria necessário esperar até que a escritora encontrasse a senda que lhe permitiria caminhar rumo a si mesma.

São esses os momentos capitais da recepção de *Espectros* até os tempos recentes; contudo, não me parece necessário, nem pertinente, situar o volume numa "pré-história" literária de Cecília Meireles. O que aqui proponho, com todos os riscos inerentes a esta decisão, é que ousemos reintegrar definitivamente à produção poética de Cecília esta obra, que enfim nos foi inteiramente restituída. A relutância em fazê-lo vem ocorrendo, a meu ver, por motivos que não se justificam de modo satisfatório. A escritora ainda vivia quando, em 1958, foi publicada sua *Obra poética*, volume que se iniciava com *Viagem* (1939); desse modo, se fôssemos considerar unicamente a intenção autoral, deveríamos excluir de seu *corpus* lírico os livros anteriores, inclusive *Baladas para El-Rei* (1925), obra que vem sendo pacificamente integrada à sua produção bibliográfica. Postulo que a exclusão de *Espectros* (1919) deve-se, de um lado, à contingência do seu desaparecimento; e, de outro, ao referido parecer crítico de Darcy Damasceno, que parecia corroborar a renegação do volume, enfatizando apenas o que nele se afasta da produção "característica" de Cecília Meireles. Mas, como espero haver demonstrado no parágrafo anterior, a avaliação de Damasceno se ancora meramente em critérios subjetivos e em elementos formais. Numa leitura mais recente, em "Cecília Meireles e o tempo inteiriço" (texto incluído na edição do centenário), Miguel Sanches Neto já observou que *Espectros* "apresenta em gérmen a grande escritora".⁶

Penso que, se ousarmos ler esta obra com olhos que não enxerguem seletivamente as diferenças, mas que busquem por traços de continuidade, encontraremos elementos que nos revelarão que a autora de *Espectros* já é a "nossa" Cecília Meireles. A recusa da adesão irrestrita ao presente imediato já está no soneto que cede o título ao volume, materializada textualmente na encenação metafísica que propicia a chegada dos "Silenciosos fantasmas de outra idade".⁷ O alheamento do mundo como condição que permite afastar o precário em busca de um sentido superior transparece em poemas como "Joana d'Arc" e "Evocação". A tematização do passado e da memória percorre todo o livro, mas se faz mais nítida em sonetos como "Maria Antonieta" e "Noite de Coimbra". Se adequadamente a soubermos ouvir, não é por a divisarmos em meio a *enjambements* e rigorosos alexandrinos que seremos incapazes de reconhecer a voz de Cecília. De resto, cabe considerar que, sem os anos de aprendizado parnasiano, talvez nossa autora não houvesse alcançado a dicção precisa que lhe é característica. O domínio formal patente na riqueza rítmica de sonetos como "Átila" e "Sortilégio", espantoso mesmo se os cotejamos com as melhores produções

---

6 SANCHES NETO, Miguel. "Cecília Meireles e o tempo inteiriço". In: MEIRELES. *Poesia completa* [vol. 1]. Rio de Janeiro: Nova Fronteira, 2001, p. XXVI.
7 MEIRELES. "Espectros". In: _____. *Espectros*. Op. cit, p. 21.

do parnasianismo, só demonstra como Cecília Meireles, adolescente que aos dezessete anos publicava suas primeiras peças líricas, já exibia um manejo impecável dos recursos próprios da escrita poética.

Por fim, reitero o convite: leiamos *Espectros* como o que de fato é – uma obra de Cecília Meireles, integrante de seu percurso estético, dele apartada devido a contingências que já estamos em condições de questionar e, se for pertinente minha proposta, rechaçar. Com este pequeno volume, afinal, nascia um dos maiores nomes da poesia brasileira.

Henrique Marques-Samyn

ESPECTROS

... Selon nous, le poète n'a plus à s'occuper de ce qu'il a déjà accompli, mais seulement à ce qu'il se propose de faire encore. C'est vers la perfection qu'il rêve, et non vers le succès qu'il constate, que doivent tendre ses progrès; et, pour notre compte personnel, quand une fois nous avons donné notre livre à l'impression, nous n'en prennons pas plus souci que les arbres printaniers, que nous voyons de notre fenêtre, ne s'inquiètent de leurs feuilles mortes du dernier automne.

F. Coppée
"Avertissement" ao *Cahier rouge*

Espectros

Nas noites tempestuosas, sobretudo
Quando lá fora o vendaval estronda
E do pélago iroso à voz hedionda
Os céus respondem e estremece tudo,

Do alfarrábio, que esta alma ávida sonda,
Erguendo o olhar, exausto a tanto estudo
Vejo ante mim, pelo aposento mudo,
Passarem lentos, em morosa ronda,

Da lâmpada à inconstante claridade
(Que ao vento ora esmorece, ora se aviva,
Em largas sombras e esplendor de sóis),

Silenciosos fantasmas de outra idade,
À sugestão da noite rediviva,
– Deuses, demônios, monstros, reis e heróis.

Defronte da janela, em que trabalho,
Nas horas quietas, em que tudo dorme,
Sobranceira e viril, como um carvalho,
Alevanta-se espessa árvore enorme.

O zéfiro um momento encrespa um galho
À sua barba: e, ou seja que a transforme
O vento ou meu olhar, a árvore enorme,
Erguida ante a janela em que trabalho,

Toma a feição de uma cabeça rude,
Sonolenta e selvática oscilando
Numa estranha, fantástica atitude.

E, posta a contemplá-la, esta alma cuida
Ver sob o azul do céu, diáfano e brando,
A fronte erguer, leonina, o último druida.

Brâmane

Plena mata. Silêncio. Nem um pio
De ave ou bulir de folha. Unicamente
Ao longe, em suspiroso murmúrio,
Do Ganges rola a fúlgida serpente.

Sem ter no pétreo corpo um arrepio,
Nu, braços no ar, de joelhos, fartamente
Esparsa a barba ao peito, na silente
Mata, o Brâmane sonha. Pelo estio,

Ao sol, que os céus abrasa e o chão calcina,
Impassível, a sílaba divina
Murmura... E a cólera hibernal do vento

Não ousa à barba estremecer um fio
Do esquelético hindu, rígido e frio,
Que contempla, extasiado, o firmamento.

A Belém!

– A Belém! A Belém! – E pela estrada
Vão, silenciosamente, os caminhantes,
Sob a inefável, diáfana e abençoada
Luz dos trêmulos astros cintilantes.

Nem um murmúrio quebra a noite. Nada
Se ouve. E os magos, noctívagos viandantes
Têm, dos céus à sidérea luz prateada,
Claridades argênteas nos semblantes.

– A Belém! A Belém! – E seguem pelos
Ermos caminhos, graves e calados,
No dorso corcovado dos camelos,

Que sem rumor avançam devagar,
– Mirra, incenso e oiro em cofres sobraçados,
Os reis Gaspar, Melchior e Baltasar.

Neroniano

Roma incendeia-se. Em lufadas passa
O fumo. Estala o fogo. E ouve-se a bulha
Longínqua dos que fogem à desgraça,
Às ruínas de que o incêndio Roma entulha.

E, enquanto, dentre as nuvens de fumaça
Espessa, cada efêmera faúlha
Do fogo se desprende e gira e esvoaça
E atinge aos céus, qual rutilante agulha,

No cesáreo terraço debruçado,
Nero, insensato, ao peito as sonorosas
Cordas da lira, satisfeito, aperta.

E, – através da esmeralda vil, – coroado
De mirto, de verbenas e de rosas,
Espreita Roma a arder, rubra e deserta...

Ecce homo!

Cingem-lhe a fronte pálida e serena
Espinhos. Tem na face o laivo imundo
De escarros de judeus. No olhar profundo
Bailam trêmulas lágrimas de pena

E dó, pelas misérias deste mundo.
Pilatos, vendo-O assim, à turba acena:
– *Ecce homo!* – lhe diz. Mas a atra cena
Ao povo não comove, furibundo.

Do sangue de Jesus tem voraz sede,
Tem-lhe da carne fome, a plebe ignara!
E sobre o homem se lança, – como cães, –

Que de peixes a Pedro enchera a rede,
Nas bodas a água em vinho transformara,
Multiplicara, no deserto, os pães!...

Antônio e Cleópatra

As escravas etíopes, lentamente,
Os longos leques movem. Seminua,
Pálida a augusta fronte, que tressua,
Cerra os olhos Cleópatra, indolente.

Sorve em êxtase o aroma, que flutua
Nas espiras do fumo, pelo ambiente;
Dos rins tomba-lhe o manto negligente;
Lembra as esfinges, na atitude sua.

Queima-lhe a pedraria o palpitante
Seio. Tremem-lhe pérolas à orelha...
E, fitando-lhe o pálido semblante,

Esplêndido de régia majestade,
Deslumbrado, ante o leito, ébrio, se ajoelha
Marco Antônio, sem forças, nem vontade.

Herodíada

Manaém volta do ergástulo. Ofegante,
Traz de Iokanan, na rude mão pendente,
A pálida cabeça, gotejante
De sangue, que num prato reluzente

Estende a Salomé. Depois, perante
Vitélio, Antipas, Aulo, toda a gente,
Passa o prato em silêncio.
                       E, noite adiante,
Findo o festim, Fanuel, no átrio silente,

À luz do facho trêmulo, que fuma,
Em grande e silenciosa dor absorto,
Vê, nos olhos proféticos de João,

De manso perpassarem, uma a uma,
As marginais paisagens do Mar Morto,
Por onde escorre, plácido, o Jordão.

Judite

De Holofernes o exército assedia
Betúlia. É noite. Dorme o acampamento.
Sob a tenda, que às vezes arrepia
Uma lufada rábida do vento,

Que uiva e geme em funérea litania,
Na sombra, a um canto, dorme temulento
O assírio general. Judite espia;
Entra na tenda... para, que um violento

Tremor lhe tolhe o passo. Arfante o seio,
Holofernes contempla... espreita... escuta...
E, vencendo de súbito o receio,

Vendo-o a dormir, – sem que a mais nada atenda,
Ágil, toma-lhe o alfange; resoluta,
Degola-o...
                ... E deixa a tenda.

Sansão e Dalila

... E sobre os joelhos pérfidos da amante,
Sansão, depois de tantos feitos lasso,
Profundamente dorme, tão confiante,
Que ainda a estreita, sorrindo, em longo abraço.

Aquele hercúleo e rijo corpo de aço,
Terror dos filisteus, prostrara-se ante
Dalila! E, contemplando no regaço,
Adormecido, o lânguido semblante,

Que ainda conserva os mentirosos traços
Dos beijos que o seu rubro lábio ardente
Depusera, inebriante e infido, pelos

Demorados espasmos nos seus braços,
Vai sossegada e silenciosamente
A traidora cortando-lhe os cabelos...

Joana d'Arc

Firme na sela do ginete arfante,
Da coorte na vanguarda, ei-la às hostis
Trincheiras que galopa, delirante,
Fronte serena e coração feliz.

Sob os anéis metálicos do guante,
Os dedos adivinham-se viris,
Que sustêm o estandarte palpitante,
Onde esplende a doirada flor-de-lis.

Rica de sonhos, crença e mocidade,
A donzela de Orléans, no seu tresvário
De mística, na indômita carreira

Sorri. Nenhum tremor a alma lhe invade!
E, entanto, o olhar audaz e visionário
Já tem clarões sinistros de fogueira!...

Maria Antonieta

Roda a carreta vagarosa. E nela,
Mãos atadas às costas, a rainha,
Após reveses tantos ainda bela,
Para o suplício estúpido caminha.

No porte majestoso não revela
Senão desdém. Que a mágoa, que a definha,
O seu orgulho cauteloso vela.
E a boca aristocrática e escarninha

Sorri à multidão, que, aglomerada
Na praça, freme, ansiosa de vingança,
Enquanto, vislumbrando a guilhotina,

A austríaca relembra, emocionada,
A hora gloriosa em que chegara à França,
Nos seus tempos felizes de delfina...

Noite de Coimbra

Oh noite encantadora! Além desliza,
Todo banhado de um palor de opala,
O Mondego do sonho, que se embala
Ao caricioso suspirar da brisa.

Noite morna de amor: – tudo se cala.
Argêntea, a lua, pálida e indecisa,
Não se sabe se anseia ou se agoniza,
Tão langue e fria pelo azul resvala.

… E no jardim do paço adormecido,
Onde namoram rouxinóis as flores,
Em que o luar põe brancuras de alabastro,

E onde uma fonte escorre, num gemido
De alguém a relembrar mortos amores,
D. Pedro beija a boca a Inês de Castro.

Dos jardins suspensos

Num langor de volúpia, o sol declina
Para as bandas de Tiro. E do contorno
Do horizonte, uma nuvem purpurina,
Que sobe, envolve o céu, diáfano e morno.

Os pássaros, aos ninhos em retorno,
Traçam no ocaso uma sinuosa e fina
Risca, fugindo...
                Amítis olha em torno
De si... alonga o olhar... Enfim, domina

O Eufrates a sorver, langue, o favônio
Rescendente a áloes, sândalo e resina,
Na lascívia do gozo babilônio;

E ouve, a rugirem pelas águas quietas,
Num sussurro confuso de surdina,
Maldições indignadas de profetas...

Átila

É um frêmito espontâneo. O vento cessa
A carreira, espantado. Um calafrio
De horror percorre a terra. E o próprio rio
O grande Reno as águas retrocessa,

Num ímpeto de susto. Arfante, opressa,
Prostra-se a natureza. Em fugidio
Voo, as aves se vão... – Já no ar sombrio,
Que a poeira em turbilhões negreja e espessa,

Reboa, surda, a bulha do tropel...
E, à frente da horda bárbara, que, em grita
Selvagem, céus e terra impreca e ameaça,

Arquejante no dorso do corcel,
– Caudilho atroz da atrocidade cita, –
Átila, impávido e ofegante, passa!

Evocação

(Lendo Beaumarchais)

Noite fresca e serena. Aberta a gelosia
Do florido balcão, numa penumbra leve,
Dorme a câmara avoenga. O vulto a um canto amplia
O velho cravo mudo. O luar põe tons de neve

No embutido do assoalho, em que a sombra descreve,
Larga e aconchegadora, a poltrona macia,
Onde sonha, esquecida, uma guitarra breve
O seu sonho eternal de amor e melodia.

Há um perfume no ambiente, – um perfume de outrora,
Muito vago, a lembrar todo um passado morto...
... E é quando no silêncio um largo acorde chora,

E sente-se fremir, numa estranha dolência,
Sob o esplêndido céu, calmo, profundo, absorto,
A alma de Querubim, na ansiosa adolescência...

Sortilégio

Profunda, a noite dorme. E no antro, que avermelha
A fogueira infernal, incendido o semblante,
Chispas no olhar oblíquo, ígneos tons na guedelha,
A velha bruxa horrenda, a persignar-se, diante

Do vasto fogaréu, resmungando, se ajoelha.
E, enquanto, goela aberta, o sapo à crepitante
Lenha segue um voejar de rútila centelha,
Crava o olhar a coruja, afiado e penetrante,

Num livro de sinais cabalísticos, mago,
Entre ervas secas, sobre a trípode. E a ondulante
Fumaça, que escurece o fundo antro plutônio,

Assume, a enovelar-se, o contorno amplo e vago
De uma égua de sabá, orgíaca e ofegante,
Em cujos flancos finca esporas o demônio...

ANEXOS

Prefácio de Alfredo Gomes à primeira edição, 1919

Nesta vida e neste mundo, viajadores somos todos os que intelectualmente buscamos traçar rota segura.

Perlustramos regiões, trilhamos estradas intermináveis, desde princípio seduzidos pelo aspecto da natureza que as veste em derredor, e enganados pelas cambiantes ilusões de que a fantasia ingênua povoa na juventude todos os nossos pensares.

Ora, a cada passo, nos deslumbram os esplêndidos cenários da política ou o faiscante tremeluzir das riquezas atálicas; ora nos arrastam irresistivelmente os aplausos vibrantes que circundam os triunfos oratórios ou os estemas de louros que os envolvem; ora o sonho de glória reveste as formas trágicas dos campos de batalha; ora ainda a vaidade da própria beleza nos inebria ou a superioridade do talento nos torna desdenhosos, arrogantes e nos incita aos maiores abusos.

Entretanto, com o escoar da areia na ampulheta do tempo, é quase certo que tantas esperanças se malogram, falham e breve desapareçam no azul diluído do horizonte sonhado.

Aqui, é o atavismo a causa determinante da susceptibilidade mórbida que invade o ânimo de alguns e os faz tímidos; ali, a protérvia natural impele outros a loucos e desvairados atos que os condenam à perseguição alheia e sujeitam à repulsa social.

Bastas vezes, na luta pela existência, o acaso, o fatal acaso, que nos revolta levar em conta, se imiscui em todas as empresas e lança ao seio dos mais bem dotados o germe corrosivo do desânimo e da morte moral. Mas muito mais frequentes e espontâneos surgem diante de uns e outros, sob os pés dos caminheiros mais decididos e indefesos, as urzes, os abrolhos que se geram da indiferença geral, do egoísmo alheio e da inveja, da terrível inveja, que se mascara nas trevas, brandindo, oculta e segura, a intriga, o dolo, a traição.

E essa é a vida, esse é o meio que se nos depara quase sempre.

Felizmente, porém, ocorre, ainda que raramente, o oposto – a monção que alenta e vivifica aos que encetam a viagem. Aos olhos pesquisadores dos que já não são moços, dos que já transcorreram grande parte desta existência sublunar, que sabem da vida as ínvias e escusas veredas, onde se agitam tipos monstruosos, oferecem-se, de quando em quando, como visões do Além, figuras suaves, nobilíssimas, as quais, como intangíveis, deslizam sem que as polua o bafo pestilento dos que lhes passam ao lado.

Parece que, dotadas de qualidades raras e peregrinas, obrigam a serpente da perversão humana a baixar o colo anegrado, a não babujar a terrível peçonha, a sumir-se nos antros de que se evadem para malefício dos mortais.

Esses entes privilegiados não gritam – murmuram; não correm – perpassam alheios aos males. Envoltos em radioso halo, vão mansamente protegidos pela própria essência, de natureza etérea, que lhes segreda ao ouvido cousas doces e ternas em coro de sussurros lisonjeiros, soprando e incutindo-lhes na alma esse misterioso dom da poesia, que perfuma tudo quanto tocam ou bafejam.

São poucos, são raros esses eleitos: flutuam docemente à tona das vagas ululantes da multidão que brada, vocifera, blasfema, tripudia e insulta, mas respeita neles o que é grácil, o que é belo, o que é sublime.

Entre essas figuras de eleição – Cecília Meireles.

....

Foi por ocasião de certa agitação tumultuária na Escola Normal deste Distrito, em ocorrência em que de todo parecia ter-se eclipsado naquela casa de ensino a noção de disciplina, ali tradicional e única em tempo em que já a anarquia atual estendera a cizânia a todos os estabelecimentos similares – foi então que, pela vez primeira, a meus ouvidos, ecoou o nome de Cecília Meireles.

No bulcão de desagrados, lutas e intrigas que se desencadearam então, envolta na serena luz que sempre dimana de uma alma pura, aureolava-lhe a fronte um nimbo atraente e simpático, misto de amor e de solidariedade moral, que a pusera ao lado de suas colegas perseguidas injustamente.

A doce firmeza com que soube desviar com seu sereno depoimento as insinuações malévolas, mercê das quais, num inquérito administrativo, se visava mascarar a verdade e condenar uma aluna, revelou instantaneamente naquela alma de escol os sentimentos nobres que logo após haviam de apontá-la singularmente distinta entre seus colegas de ambos os sexos. Com efeito, Cecília Meireles não se sobrelevava a todos só pelo talento e aplicação ao estudo: criara pouco a pouco em torno de si, graças à sua modéstia e despretensão, crescente e seleta roda de condiscípulos, seus admiradores e amigos, de sorte que nem uma voz se erguia dissonante ou sequer divergente no coro de elogios que diariamente lhe eram prodigalizados por mestres e colegas.

Ainda quando cursava o 4º ano do curso da Escola Normal, reconheciam todos na futura mestra dotes raros: entre eles, o coração já superiormente formado, a inteligência clara e lúcida, a intuição notável com que sabia expor pensamentos próprios e singulares até em assuntos pedagógicos, atraiçoando-se-lhe assim o espírito já facetado, de brilho raramente observado por mim e por todos os docentes, através de tantas gerações de alunas que se vêm doutrinando no aprendizado do magistério.

Cecília Meireles é realmente curioso modelo para quem queira auscultar atentamente e inferir seguro o valor psicológico da mulher brasileira, nas espinhosas funções que se referem e ligam aos altos problemas sociais modernos.

Ao mesmo tempo que na futura professora se acusavam vivos e evidentes os dotes de emérita docente que havia de conquistar dentro de curto prazo de tirocínio, borbulhava no imo da alma da jovem esse quê indefinível e divino, a que se dá o nome de *inspiração poética*, antes verdadeira aspiração ao belo intangível, que viceja nas regiões sublimes do ideal, desce à terra como arcano sondável e no seio de algumas criaturas se estiola às vezes à míngua de impossível tradução, enquanto acende o peito e dilata a imaginação de outras.

Filigrana de que se desprendem colorações ardentes, ritmos cantantes, harmonias e harpejos surpreendentes, é bem de ver que no cérebro e no coração de Cecília Meireles não podia esse dom celeste deperecer e delir-se: sua alma veludosa era da essência rara das de Santa Teresa e de Mme. Desbordes-Valmore; das de Harriet Beecher

Stowe e de Sóror Violante do Céu; das de Maria de França e de Mariana Alcoforado.

E assim, quando a aluna-mestra ia cingir à fronte o laurel de professora normalista, era já, no consenso e com o sufrágio de todos os colegas, a natural intérprete dos sentimentos dos que se diplomavam com ela, na cerimônia solene da futura colação de grau aos alunos de sua turma.

Se foi eloquente essa espontânea homenagem, se de muito valor foi para o magistério fluminense a aquisição de mais um precioso elemento doutrinante; de não somenos, antes até, de mais precioso cunho social foi a revelação pública de mais um temperamento literário puríssimo a aviventar a personalidade da novel docente, já então na posse de estro acrisolado e quase perfeito, encarnação seleta de mais uma alma de musa em figura mortal, de inspirada poetisa em ascensão luminosa aos páramos indizíveis onde já fulguram as deliciosas concepções da mente helênica – ao Pindo, ao Hélicon.

....

Até aqui a pessoa: agora a obra.

....

O volumito que Cecília Meireles resolveu lançar a lume sob o patrocínio, ou, melhor, com a apresentação desvaliosa de tão desautorizado mestre, como sou, descortina aos olhos mais desatentos quanto se pode esperar em recente futuro de tão promissor talento poético. São primícias que têm o sabor de frutos sazonados. Na forma, no colorido, no perfume acurado e delicioso que ostentam, esses primeiros estos da alma juvenil fazem lembrar certos botões florais que em opulência e viço equivalem a flores já desabrochadas sob os ardores vivificantes do sol em pleno zênite tropical.

Apenas dezessete sonetos encerra o opúsculo; mas que sonetos!

Inspiração superior, objetivismo sóbrio e sugestivo, estilo escorreito e exato, o mais próprio para traduzir brilhantemente a ideia; métrica aprimorada, moderna e (di-lo-ei sem rebuço) quase impecável – tudo ressalta, em viva cor, desse exíguo número de poemetos, cuja concepção cativa o espírito e o coração do leitor – suavemente, sem o mínimo abalo, sem um reparo quanto à propriedade das imagens, dos termos, da pureza do sentir, do vigor das tintas.

Com certeza nenhum dos sonetos do volume excede ao que tem por epígrafe – "Brâmane", nos traços vivos e profundos com que se desenha a tradicional e hirta figura do faquir indiano:

> Sem ter no pétreo corpo um arrepio,
> Nu, braços no ar, de joelhos, fartamente
> Esparsa a barba ao peito, na silente
> Mata, o Brâmane sonha. Pelo estio,
>
> Ao sol, que os céus abrasa e o chão calcina,
> Impassível, a sílaba divina
> Murmura... [...]

A prender delgadamente diversos sonetos, surpreende-se um liame tênue, sutil, que os unifica, subordinando-os a um fim elevado – a dignificação de grandes personalidades femininas – Judite, Joana d'Arc, Maria Antonieta. Entre esses pode ser tido como modelar o intitulado – "Joana d'Arc":

> Firme na sela do ginete arfante,
> Da coorte na vanguarda, ei-la às hostis
> Trincheiras que galopa, delirante,
> Fronte serena e coração feliz.
> ....

> Rica de sonhos, crença e mocidade,
> A donzela de Orléans, no seu tresvário
> De mística, na indômita carreira
>
> Sorri. Nenhum tremor a alma lhe invade!
> E, entanto, o olhar audaz e visionário
> Já tem clarões sinistros de fogueira!...

Belíssima chave de ouro!

Obedecem a corrente paralela, ao culto dos grandes tipos humanos, alguns outros heróis dos sonetos da novel poetisa.

Passam e repassam sempre diante de nossa imaginação ardente, como num fatídico e grandioso cosmorama – essas figuras eternas, símbolos de alta valia, embora maculados por grandes faltas ou vítimas de impiedoso atavismo: são criaturas profundamente humanas; acusam as feições, os instintos, os desvarios típicos da humanidade. Tais Sansão e Dalila; tais a egiptana e sedutora rainha e o rendido general romano: a beleza e a traição de um lado, o amor irresistível e cego, de outro.

O estro feliz da poetisa soube magnificamente enquadrar em seus sonetos essas figuras, gravando-as como em água-forte. Vemos assim num dos sonetos pintar-se a Cleópatra dos sonhos antigos em sua desnudada e opulenta beleza e, em desfalecido êxtase,

> Deslumbrado, ante o leito, ébrio, se ajoelha
> Marco Antônio, sem forças, nem vontade.

Mesmamente se avista, através dos lindos versos de Cecília Meireles, o grande e monstruoso Nero, o inconsciente artista que dedilha a musical lira e

> [...] coroado
> De mirto, de verbenas e de rosas,
> Espreita Roma a arder, rubra e deserta...

Como sucede com toda alma juvenil e generosa, enastra-lhe a concepção poética o sentimento místico, docemente religioso, que dimana das Santas Escrituras e acalenta as almas sonhadoras numa aspiração perene para o supremo ideal. Essa expansão íntima (se me é permitido assim expressar-me), esse desafogo consolador da timidez feminina diante dos afetos cruamente humanos, arranca à meiga filha das Musas belíssimos versos e empresta-lhe à pena as mais finas cambiantes de que pode dispor a paleta poética, ao debuxar os tipos de Jesus, de João Batista, dos Reis Magos.

Mas... ponto final a esta estirada prefação.

Desculpe o leitor as demasias desta apresentação: nela encontrará o desejo vivo de corresponder o melhor possível à confiança generosa com que a grata discípula quis distinguir o mestre desprovido de mérito para tão alta missão.

Todavia, se a crítica não escalpelou desapiedadamente este ou aquele ponto da obrinha delicada e valiosa de Cecília Meireles, não atribua essa falta à pura benevolência do prefaciador. Este teria recusado a honra de conduzir à presença do público a jovem sacerdotisa das Musas, se não houvesse a firme convicção de que, lido o opúsculo, será o leitor quem mais palmas e mais ruidosas baterá, sagrando a Autora como um dos maiores cultores do Ideal literário, hoje vítima de tanto desamor, neste século de mercantilismo absorvente, mormente, ai!, em nossa querida e adorada Pátria.

Alfredo Gomes

Nota da autora

Depois de entregue, pelo dr. Alfredo Gomes, o prefácio à autora, juntou esta à coletânea os seguintes cinco sonetos:

1) "[Defronte da janela, em que trabalho,]"; 2) "Átila"; 3) "Dos jardins suspensos"; 4) "Evocação"; 5) "Sortilégio".

O revisor, entretanto, alterou para *17* o número *12* constante do prefácio.

Cronologia

1901

A 7 de novembro, nasce Cecília Benevides de Carvalho Meirelles, no Rio de Janeiro. Seus pais, Carlos Alberto de Carvalho Meirelles (falecido três meses antes do nascimento da filha) e Mathilde Benevides. Dos quatro filhos do casal, apenas Cecília sobrevive.

1904

Com a morte da mãe, passa a ser criada pela avó materna, Jacintha Garcia Benevides.

1910

Conclui com distinção o curso primário na Escola Estácio de Sá.

1912

Conclui com distinção o curso médio na Escola Estácio de Sá, premiada com medalha de ouro recebida no ano seguinte das mãos de Olavo Bilac, então inspetor escolar do Distrito Federal.

1917

Formada pela Escola Normal (Instituto de Educação), começa a exercer o magistério primário em escolas oficiais do Distrito. Estuda línguas e em seguida ingressa no Conservatório de Música.

1919

    Publica o primeiro livro, *Espectros*.

1922

    Casa-se com o artista plástico português Fernando Correia Dias.

1923

    Publica *Nunca mais... e poema dos poemas*. Nasce sua filha Maria Elvira.

1924

    Publica o livro didático *Criança meu amor...*. Nasce sua filha Maria Mathilde.

1925

    Publica *Baladas para El-Rei*. Nasce sua filha Maria Fernanda.

1927

    Aproxima-se do grupo modernista que se congrega em torno da revista *Festa*.

1929

    Publica a tese *O espírito vitorioso*. Começa a escrever crônicas para *O Jornal*, do Rio de Janeiro.

1930

    Publica o ensaio *Saudação à menina de Portugal*. Participa ativamente do movimento de reformas do ensino e dirige, no *Diário de Notícias*, página diária dedicada a assuntos de educação (até 1933).

1934

Publica o livro *Leituras infantis*, resultado de uma pesquisa pedagógica. Cria uma biblioteca (pioneira no país) especializada em literatura infantil, no antigo Pavilhão Mourisco, na praia de Botafogo. Viaja a Portugal, onde faz conferências nas Universidades de Lisboa e Coimbra.

1935

Publica em Portugal os ensaios *Notícia da poesia brasileira* e *Batuque, samba e macumba*.
Morre Fernando Correia Dias.

1936

Trabalha no Departamento de Imprensa e Propaganda, onde dirige a revista *Travel in Brazil*. Nomeada professora de literatura luso-brasileira e mais tarde técnica e crítica literária da recém-criada Universidade do Distrito Federal, na qual permanece até 1938.

1937

Publica o livro infantojuvenil *A festa das letras*, em parceria com Josué de Castro.

1938

Publica o livro didático *Rute e Alberto resolveram ser turistas*. Conquista o prêmio Olavo Bilac de poesia da Academia Brasileira de Letras com o inédito *Viagem*.

1939

Em Lisboa, publica *Viagem*, quando adota o sobrenome literário Meireles, sem o *l* dobrado.

1940

Leciona Literatura e Cultura Brasileiras na Universidade do Texas, Estados Unidos. Profere no México conferências sobre literatura, folclore e educação.
Casa-se com o agrônomo Heitor Vinicius da Silveira Grillo.

1941

Começa a escrever crônicas para *A Manhã*, do Rio de Janeiro.

1942

Publica *Vaga música*.

1944

Publica a antologia *Poetas novos de Portugal*. Viaja para o Uruguai e a Argentina. Começa a escrever crônicas para a *Folha Carioca* e o *Correio Paulistano*.

1945

Publica *Mar absoluto e outros poemas* e, em Boston, o livro didático *Rute e Alberto*.

1947

Publica em Montevidéu *Antologia poética (1923-1945)*.

1948

Publica em Portugal *Evocação lírica de Lisboa*. Passa a colaborar com a Comissão Nacional do Folclore.

1949

Publica *Retrato natural* e a biografia *Rui: pequena história de uma grande vida*. Começa a escrever crônicas para a *Folha da Manhã*, de São Paulo.

1951

Publica *Amor em Leonoreta*, em edição fora de comércio, e o livro de ensaios *Problemas da literatura infantil*. Secretaria o Primeiro Congresso Nacional de Folclore.

1952

Publica *Doze noturnos da Holanda & O Aeronauta* e o ensaio "Artes populares" no volume em coautoria *As artes plásticas no Brasil*. Recebe o título de Doutora *Honoris Causa* da Universidade de Délhi, na Índia, e o Grau de Oficial da Ordem do Mérito, no Chile.

1953

Publica *Romanceiro da Inconfidência* e, em Haia, *Poèmes*. Começa a escrever para o suplemento literário do *Diário de Notícias*, do Rio de Janeiro, e para *O Estado de S. Paulo*.

1953-1954

Viaja para a Europa, Açores, Índia e Goa.

1955

Publica *Pequeno oratório de Santa Clara, Pistoia, cemitério militar brasileiro* e *Espelho cego*, em edições fora de comércio, e, em Portugal, o ensaio *Panorama folclórico dos Açores: especialmente da Ilha de S. Miguel*.

1956

Publica *Canções* e *Giroflê, giroflá*.

1957

Publica *Romance de Santa Cecília* e *A rosa*, em edições fora de comércio, e o ensaio *A Bíblia na poesia brasileira*. Viaja para Porto Rico.

1958

Publica *Obra poética* (poesia completa). Viaja para Israel, Grécia e Itália.

1959

Publica *Eternidade de Israel*.

1960

Publica *Metal rosicler*.

1961

Publica *Poemas escritos na Índia* e, em Nova Délhi, *Tagore and Brazil*.
Começa a escrever crônicas para o programa *Quadrante*, da Rádio Ministério da Educação e Cultura.

1962

Publica a antologia *Poesia de Israel*.

1963

Publica *Solombra* e *Antologia poética*. Começa a escrever crônicas para o programa *Vozes da cidade*, da Rádio Roquette Pinto, e para a *Folha de S.Paulo*.

1964

Publica o livro infantojuvenil *Ou isto ou aquilo*, com ilustrações de Maria Bonomi, e o livro de crônicas *Escolha o seu sonho*.
Falece a 9 de novembro, no Rio de Janeiro.

1965

Conquista, postumamente, o Prêmio Machado de Assis da Academia Brasileira de Letras, pelo conjunto de sua obra.

Bibliografia básica sobre Cecília Meireles

ANDRADE, Mário de. Cecília e a poesia. In: _____. *O empalhador de passarinho*. São Paulo: Martins, [1946].

_____. Viagem. In: _____. *O empalhador de passarinho*. São Paulo: Martins, [1946].

AZEVEDO FILHO, Leodegário A. de (Org.). Cecília Meireles. In: _____. *Poetas do modernismo:* antologia crítica. Brasília: Instituto Nacional do Livro, 1972. v. 4.

_____. *Poesia e estilo de Cecília Meireles:* a pastora de nuvens. Rio de Janeiro: José Olympio, 1970.

_____. *Três poetas de Festa:* Tasso, Murillo e Cecília. Rio de Janeiro: Padrão, 1980.

BANDEIRA, Manuel. *Apresentação da poesia brasileira*. São Paulo: Cosac Naify, 2009.

BERABA, Ana Luiza. *América aracnídea:* teias culturais interamericanas. Rio de Janeiro: Civilização Brasileira, 2008.

BONAPACE, Adolphina Portella. *O Romanceiro da Inconfidência:* meditação sobre o destino do homem. Rio de Janeiro: Livraria São José, 1974.

BOSI, Alfredo. Em torno da poesia de Cecília Meireles. In:

_____. *Céu, inferno:* ensaios de crítica literária e ideológica. São Paulo: Duas Cidades/Editora 34, 2003.

BRITO, Mário da Silva. Cecília Meireles. In: _____. *Poesia do Modernismo*. Rio de Janeiro: Civilização Brasileira, 1968.

CANDIDO DE MELLO E SOUZA, Antonio; CASTELLO, José Aderaldo (Orgs.). Cecília Meireles. *Presença da literatura brasileira 3:* Modernismo. 2. ed. São Paulo: Difusão Europeia do Livro, 1967.

CARPEAUX, Otto Maria. Poesia intemporal. In: _____. *Ensaios reunidos:* 1942-1978. Rio de Janeiro: UniverCidade/Topbooks, 1999.

CASTELLO, José Aderaldo. O Grupo Festa. In: _____. *A literatura brasileira:* origens e unidade. São Paulo: Edusp, 1999. v. 2.

CASTRO, Marcos de. Bandeira, Drummond, Cecília, os contemporâneos. In: _____. *Caminho para a leitura*. Rio de Janeiro: Record, 2005.

CAVALIERI, Ruth Villela. *Cecília Meireles:* o ser e o tempo na imagem refletida. Rio de Janeiro: Achiamé, 1984.

COELHO, Nelly Novaes. Cecília Meireles. In: _____. *Dicionário crítico da literatura infantil e juvenil brasileira*. São Paulo: Nacional, 2006.

_____. Cecília Meireles. In: _____. *Dicionário crítico de escritoras brasileiras:* 1711-2001. São Paulo: Escrituras, 2002.

_____. O "eterno instante" na poesia de Cecília Meireles. In: _____. *Tempo, solidão e morte*. São Paulo: Conselho Estadual de Cultura/Comissão e Literatura, 1964.

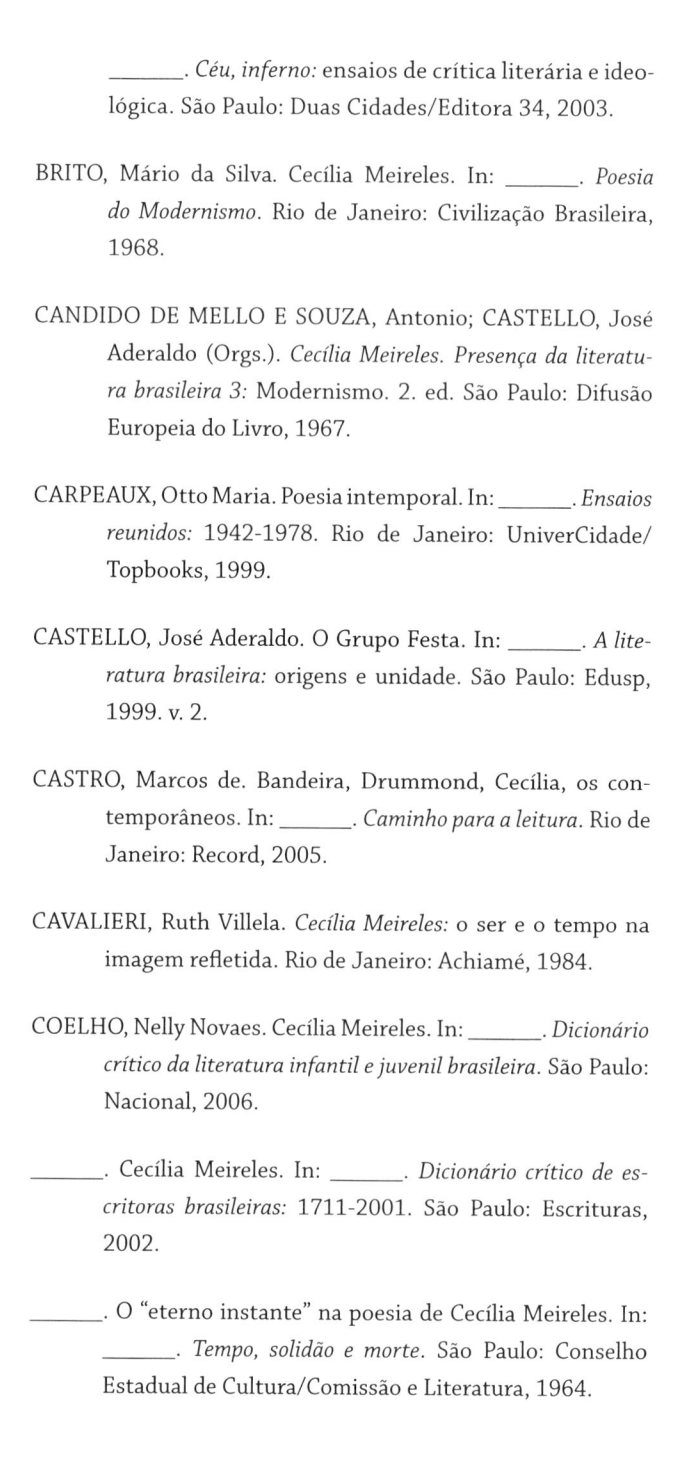

CORREIA, Roberto Alvim. Cecília Meireles. In: _____. *Anteu e a crítica:* ensaios literários. Rio de Janeiro: José Olympio, 1948.

DAMASCENO, Darcy. *Cecília Meireles:* o mundo contemplado. Rio de Janeiro: Orfeu, 1967.

_____. *De Gregório a Cecília*. Organização de Antonio Carlos Secchin e Iracilda Damasceno. Rio de Janeiro: Galo Branco, 2007.

DANTAS, José Maria de Souza. *A consciência poética de uma viagem sem fim:* a poética de Cecília Meireles. Rio de Janeiro: Eu & Você, 1984.

FAUSTINO, Mário. O livro por dentro. In: _____. *De Anchieta aos concretos*. Organização de Maria Eugênia Boaventura. São Paulo: Companhia das Letras, 2003.

FONTELES, Graça Roriz. *Cecília Meireles:* lirismo e religiosidade. São Paulo: Scortecci, 2010.

GARCIA, Othon M. Exercício de numerologia poética: paridade numérica e geometria do sonho em um poema de Cecília Meireles. In:_____. *Esfinge clara e outros enigmas:* ensaios estilísticos. 2. ed. Rio de Janeiro: Topbooks, 1996.

GENS, Rosa (Org.). *Cecília Meireles:* o desenho da vida. Rio de Janeiro: Setor Cultural/Núcleo Interdisciplinar de Estudos da Mulher na Literatura/UFRJ, 2002.

GOLDSTEIN, Norma Seltzer. *Roteiro de leitura: Romanceiro da Inconfidência* de Cecília Meireles. São Paulo: Ática, 1988.

GOUVÊA, Leila V. B. *Cecília em Portugal:* ensaio biográfico sobre a presença de Cecília Meireles na terra de Camões, Antero e Pessoa. São Paulo: Iluminuras, 2001.

_____ (Org.). *Ensaios sobre Cecília Meireles*. São Paulo: Humanitas/Fapesp, 2007.

_____. *Pensamento e "lirismo puro" na poesia de Cecília Meireles*. São Paulo: Edusp, 2008.

GOUVEIA, Margarida Maia. *Cecília Meireles:* uma poética do "eterno instante". Lisboa: Imprensa Nacional/Casa da Moeda, 2002.

HANSEN, João Adolfo. Solombra *ou A sombra que cai sobre o eu*. São Paulo: Hedra, 2005.

LAMEGO, Valéria. *A farpa na lira:* Cecília Meireles na Revolução de 30. Rio de Janeiro: Record, 1996.

LINHARES, Temístocles. Revisão de Cecília Meireles. In: _____. *Diálogos sobre a poesia brasileira*. São Paulo: Melhoramentos, 1976.

LÔBO, Yolanda. *Cecília Meireles*. Recife: Massangana/Fundação Joaquim Nabuco, 2010.

MANNA, Lúcia Helena Sgaraglia. *Pelas trilhas do* Romanceiro da Inconfidência. Niterói: EDUFF, 1985.

MARTINS, Wilson. Lutas literárias (?). In: _____. *O ano literário:* 2002-2003. Rio de Janeiro: Topbooks, 2007.

MELLO, Ana Maria Lisboa de (Org.). *A poesia metafísica no Brasil:* percursos e modulações. Porto Alegre: Libretos, 2009.

_____; UTÉZA, Francis. *Oriente e ocidente na poesia de Cecília Meireles*. Porto Alegre: Libretos, 2006.

MILLIET, Sérgio. *Panorama da moderna poesia brasileira*. Rio de Janeiro: Ministério da Educação e Saúde/Serviço de Documentação, 1952.

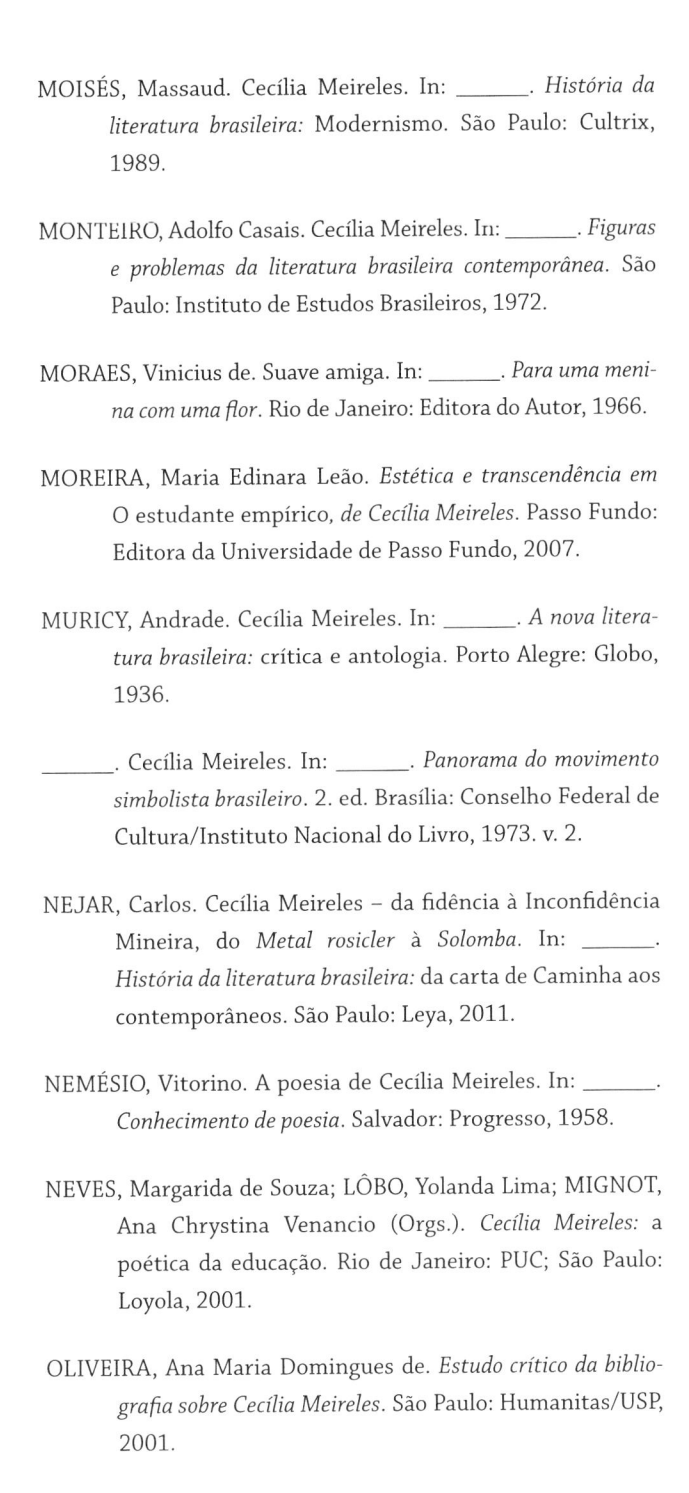

MOISÉS, Massaud. Cecília Meireles. In: _____. *História da literatura brasileira:* Modernismo. São Paulo: Cultrix, 1989.

MONTEIRO, Adolfo Casais. Cecília Meireles. In: _____. *Figuras e problemas da literatura brasileira contemporânea*. São Paulo: Instituto de Estudos Brasileiros, 1972.

MORAES, Vinicius de. Suave amiga. In: _____. *Para uma menina com uma flor*. Rio de Janeiro: Editora do Autor, 1966.

MOREIRA, Maria Edinara Leão. *Estética e transcendência em* O estudante empírico, *de Cecília Meireles*. Passo Fundo: Editora da Universidade de Passo Fundo, 2007.

MURICY, Andrade. Cecília Meireles. In: _____. *A nova literatura brasileira:* crítica e antologia. Porto Alegre: Globo, 1936.

_____. Cecília Meireles. In: _____. *Panorama do movimento simbolista brasileiro*. 2. ed. Brasília: Conselho Federal de Cultura/Instituto Nacional do Livro, 1973. v. 2.

NEJAR, Carlos. Cecília Meireles – da fidência à Inconfidência Mineira, do *Metal rosicler* à *Solomba*. In: _____. *História da literatura brasileira:* da carta de Caminha aos contemporâneos. São Paulo: Leya, 2011.

NEMÉSIO, Vitorino. A poesia de Cecília Meireles. In: _____. *Conhecimento de poesia*. Salvador: Progresso, 1958.

NEVES, Margarida de Souza; LÔBO, Yolanda Lima; MIGNOT, Ana Chrystina Venancio (Orgs.). *Cecília Meireles:* a poética da educação. Rio de Janeiro: PUC; São Paulo: Loyola, 2001.

OLIVEIRA, Ana Maria Domingues de. *Estudo crítico da bibliografia sobre Cecília Meireles*. São Paulo: Humanitas/USP, 2001.

PAES, José Paulo. Poesia nas alturas. In: _____. *Os perigos da poesia e outros ensaios*. Rio de Janeiro: Topbooks, 1997.

PARAENSE, Sílvia. *Cecília Meireles:* mito e poesia. Santa Maria: UFSM, 1999.

PICCHIO, Luciana Stegagno. A poesia atemporal de Cecília Meireles, "pastora das nuvens". In: _____. *História da literatura brasileira*. Rio de Janeiro: Nova Aguilar, 1997.

PÓLVORA, Hélio. Caminhos da poesia: Cecília. In: _____. *Graciliano, Machado, Drummond & outros*. Rio de Janeiro: Francisco Alves, 1975.

RAMOS, Péricles Eugênio da Silva. Solombra. In: _____. *Do barroco ao modernismo:* estudos de poesia brasileira. 2. ed. revista e aumentada, Rio de Janeiro: Livros Técnicos e Científicos, 1979.

RICARDO, Cassiano. *A Academia e a poesia moderna*. São Paulo: Revista dos Tribunais, 1939.

RÓNAI, Paulo. O conceito de beleza em *Mar absoluto*. In: _____. *Encontros com o Brasil*. 2. ed. Rio de Janeiro: Batel, 2009.

_____. Uma impressão sobre a poesia de Cecília Meireles. In: _____. *Encontros com o Brasil*. 2. ed. Rio de Janeiro: Batel, 2009.

SADLIER, Darlene J. *Cecília Meireles & João Alphonsus*. Brasília: André Quicé, 1984.

SECCHIN, Antonio Carlos. Cecília: a incessante canção. In: _____. *Escritos sobre poesia & alguma ficção*. Rio de Janeiro: EdUERJ, 2003.

_____. Cecília Meireles e os *Poemas escritos na Índia*. In: _____. *Memórias de um leitor de poesia & outros ensaios*. Rio de Janeiro: Topbooks/Academia Brasileira de Letras, 2010.

_____. O enigma Cecília Meireles. In: _____. *Memórias de um leitor de poesia & outros ensaios*. Rio de Janeiro: Topbooks/Academia Brasileira de Letras, 2010.

SIMÕES, João Gaspar. Cecília Meireles: *Metal rosicler*. In: _____. *Crítica II:* poetas contemporâneos (1946- -1961). Lisboa: Delfos, [1961].

_____. Fonética e poesia ou o *Retrato natural* de Cecília Meireles. In: _____. *Literatura, literatura, literatura...*: de Sá de Miranda ao concretismo brasileiro. Lisboa: Portugália, 1964.

VERISSIMO, Erico. Entre Deus e os oprimidos. In: _____. *Breve história da literatura brasileira*. São Paulo: Globo, 1995.

VILLAÇA, Antonio Carlos. Cecília Meireles: a eternidade entre os dedos. In: _____. *Tema e voltas*. Rio de Janeiro: Hachette, 1975.

YUNES, Eliana; BINGEMER, Maria Clara L. (Orgs.). *Murilo, Cecília e Drummond:* 100 anos com Deus na poesia brasileira. Rio de Janeiro: Pontifícia Universidade Católica; São Paulo: Loyola, 2004.

ZAGURY, Eliane. *Cecília Meireles*. Petrópolis: Vozes, 1973.

CTP • Impressão • Acabamento
Com arquivos fornecidos pelo Editor

EDITORA e GRÁFICA
VIDA & CONSCIÊNCIA
R. Agostinho Gomes, 2312 • Ipiranga • SP
Fone/fax: (11) 3577-3200 / 3577-3201
e-mail:grafica@vidaeconsciencia.com.br
site: www.vidaeconsciencia.com.br